BEI GRIN MACHT SICH IHR WISSEN BEZAHLT

- Wir veröffentlichen Ihre Hausarbeit, Bachelor- und Masterarbeit

- Ihr eigenes eBook und Buch - weltweit in allen wichtigen Shops

- Verdienen Sie an jedem Verkauf

Jetzt bei www.GRIN.com hochladen und kostenlos publizieren

Sascha Noack

Enterprise Content Management

GRIN Verlag

Bibliografische Information der Deutschen Nationalbibliothek:

Die Deutsche Bibliothek verzeichnet diese Publikation in der Deutschen National-
bibliografie; detaillierte bibliografische Daten sind im Internet über http://dnb.d-
nb.de/ abrufbar.

Impressum:

Copyright © 2005 GRIN Verlag GmbH
Druck und Bindung: Books on Demand GmbH, Norderstedt Germany
ISBN: 978-3-638-64463-1

Dieses Buch bei GRIN:

http://www.grin.com/de/e-book/37737/enterprise-content-management

GRIN - Your knowledge has value

Der GRIN Verlag publiziert seit 1998 wissenschaftliche Arbeiten von Studenten, Hochschullehrern und anderen Akademikern als eBook und gedrucktes Buch. Die Verlagswebsite www.grin.com ist die ideale Plattform zur Veröffentlichung von Hausarbeiten, Abschlussarbeiten, wissenschaftlichen Aufsätzen, Dissertationen und Fachbüchern.

Besuchen Sie uns im Internet:

http://www.grin.com/

http://www.facebook.com/grincom

http://www.twitter.com/grin_com

FACHHOCHSCHULE PFORZHEIM

Hochschule für Gestaltung, Technik

und Wirtschaft

Studiengang:

Wirtschaftsinformatik

Zur Prüfungsleistung „Groupware"

WS 2004/ 2005

ECM – Enterprise Content Management

Noack, Sascha

10. Semester

Inhaltsverzeichnis

Abkürzungsverzeichnis

AIIM	Association for Information and Image Management
API	Application Programming Interface
BPM	Business Process Management
COLD	Computer Output on Laserdisc
CRM	Customer Relationship Management
DM	Dokumenten Management
DRM	Digital Rights Management
DRT	Document Related Technologies
ERP	Enterprise Resource Planning
EAI	Enterprise Application Integration
ECM	Enterprise Content Management
EDI	Electronic Data Interchange
GDPDU	Grundsätze zum Datenzugriff und zur Prüfung digitaler Unterlagen
GIF	Graphics Interchange Format
HCR	Handprint Character Recognition
HTML	Hyper Text Markup Language
ICR	Intelligent Character Recognition
ISO	International Organization for Standardization
MOREQ	Model Requirements for the Management of Electronic Records
NAS	Network Attached Storage
OCR	Optical Character Recognition
OMR	Optical Mark Recognition
PDF	Portable Document Format
PKI	Public Key Infrastructure
RAID	Redundant Array of Independent Disks
RM	Records Management
SAN	Storage Area Networks
WCM	Web Content Management
WFM	Workflow Management
WFMC	Workflow Management Coalition
WORM	Write Once Read Many
XML	Extensible Markup Language

1 Abstract

Noch vor kurzer Zeit war es CRM (Customer Relationship Management), ERP (Enterprise Resource Planning) oder EAI (Enterprise Application Integration). Heute ist ECM (Enterprise Content Management) eines der Schlagworte in der IT-Branche. In der Liste der meist benutzten IT-Begriffe dürfte ECM dieses Jahr an der Spitze stehen. Viele Anbieter klassischer Dokumenten Management Systeme integrieren diesen neuen Trendbegriff in ihr Marketingvokabular und versuchen damit die Aufmerksamkeit auf einen vielleicht gar nicht notwendigen Bedarf an neuer Software zu lenken.

Doch was steckt hinter Enterprise Content Management?
Ist ECM ein neues Produkt oder nur eine neue Bezeichnung für schon längst existierende Produkte?
Woher kommt der Begriff ECM, welche Komponenten umfasst diese „neue" Enterprise Content Management Lösung und wie arbeiten diese zusammen?

Macht es überhaupt Sinn, einzelne Komponenten zu einer einheitlichen Lösung zusammenzufassen um dann eine wunderbar integrierte, jedoch auch sehr teure Gesamtlösung zu bekommen?
Dies soll anhand praktischer Beispiele aufgezeigt werden. Es werden verschiedene Szenarien dargestellt und nach Nutzenpotentialen einer einheitlichen Enterprise Content Management Lösung gesucht. Wo ergeben sich beispielsweise Synergien bei einer Zusammenführung von klassischem Dokumentenmanagement und neuem Web Content Management?

2 Was ist ECM (Enterprise Content Management)?

Die Mitarbeiter jedes Unternehmens sind täglich mit einer Flut von Informationen konfrontiert, die in irgendeiner Form be- und verarbeitet werden müssen. Ein großer Teil dieser Informationen liegt in unstrukturierter Form vor. Dies können E-Mails, Textdokumente, Tabellen, Präsentationen oder HTML-Seiten sein.

Die Informationstechnologie nimmt in den Unternehmen zwar zu, deren Nutzen zeigt jedoch laut Sieber & Partners Studie starke Defizite: Als großes Problem sehen 80% der Manager den erschwerten Zugang zu Informationen. Es wird auch darüber geklagt, dass oft die falschen Informationen erhalten werden.

Wissensarbeiter wenden im Durchschnitt knapp 30% ihrer Arbeitszeit mit der Suche und Beschaffung von Information auf.

Die wichtigste Frage in einer zunehmend informations- und wissensbasierten Wirtschaft lautet deshalb: Ist es möglich, dass die richtigen Leute zum richtigen Zeitpunkt am richtigen Ort Zugriff auf die richtigen Daten und Informationen haben? Enterprise Content Management soll Antworten auf diese Frage bieten.[1]

Der Begriff Enterprise Content Management wurde von der Enterprise Content Management Association (AIIM) wie folgt definiert:

„The technologies used to capture, manage, store, deliver and preserve information to support business processes."[2]

Die AIIM (The Association for Information and Image Management) wurde 1943 als die National Microfilm Association gegründet.

Seit über 60 Jahren ist die AIIM die führende internationale Organisation mit dem Fokus, Benutzern zu helfen die Herausforderungen in Verbindung mit Dokumentenverwaltung, Content und Geschäftsprozessen zu verstehen.[3]

Die Aufgabe von ECM ist also, die für die Mitarbeiter relevanten Informationen im Sinne eines unternehmensweiten Informationsmanagements zur Verfügung zu stellen. An die Technologie ist dies eine Herausforderung, da die benötigten Informationen aus unterschiedlichen Quellen (Archiv, Datenbank, Internet, E-Mail, ERP-System oder Papierdokumenten etc.) heraus zusammengeführt werden müssen. Eine Schwierigkeit besteht vor allem in der Verwaltung von unstrukturierten Daten wie zum Beispiel Bildern, Faksimiles, Briefen, etc., während strukturierte geschäftliche Informationen wie sie z. B. in einem ERP-System vorgehalten werden

---

[1] Vgl. Sieber & Partners AG: ECM Studie, 2003, S. 4
[2] Internetquelle: www.aiim.org
[3] Vgl. Internetquelle: www.aiim.org

eher leichter zu verwalten sind. Da im Zuge einer Informationsgesellschaft das Volumen geschäftsrelevanter Informationen sowie die Zahl der genutzten Medien stark ansteigt, wird eine allumfassende IT-Lösung für die Unternehmen immer wichtiger.

Das Ziel von Enterprise Content Management ist also, den Anwendern alle in einem Unternehmen anfallenden Informationen durch eine einheitliche Plattform zur Verfügung zu stellen.[4]

Doch werfen wir zuerst einen genaueren Blick auf den Begriff „Content":

Content (engl. Inhalt) ist Information, die den Nutzern in elektronischen Systemen in strukturierter, schwach strukturierter und unstrukturierter Form zur Verfügung gestellt wird.

- Strukturierter Content: Daten, die in einem standardisierten Layout aus Datenbankgestützten Systemen bereitgestellt werden (z. B. formatierte Datensätze aus einer Datenbank).

- Schwach strukturierter Content: Dokumente und Informationen, die zum Teil Layout und Meta-Daten mit sich tragen, jedoch nicht standardisiert sind (z. B. Textverarbeitungsdateien).

- Unstrukturierter Content: Beliebige Informationsobjekte, deren Inhalt nicht direkt erschlossen werden kann und die keine Trennung von Inhalt, Layout und Metadaten besitzen (Bilder, GIFs, Video, Sprache, Faksimiles etc.).[5]

Content besteht immer aus dem Inhalt und zugehörigen Meta-Informationen, welche für den Nutzer nicht unbedingt sichtbar sein müssen. Meta-Informationen sind erforderlich, um eine elektronische Verwaltung und Kontrolle des eigentlichen Inhalts möglich zu machen. Ein wichtiger Bestandteil von Content Management Systemen ist darum die Trennung des eigentlichen Inhalts von dessen Layout- und Strukturinformationen. Die universelle Beschreibungssprache XML, eXtensible Markup Language, gewinnt in diesem Zusammenhang immer mehr an Bedeutung für Schnittstellen und Dokumentenformaten.[6]

Enterprise Content Management soll Daten- und Dokumentenredundanz vermeiden, den Zugriff auf Informationen einheitlich regeln und unabhängig von Quelle und

[4] Vgl. BIT: Enterprise Content Management, Ausgabe 6, 2003, S. 34
[5] Vgl. Kampffmeyer, U.: Dokumenten-Technologien, 2003, S. 88 + S. 89
[6] Vgl. Kampffmeyer, U.: Dokumenten-Technologien, 2003, S. 89

Nutzung beliebige Informationen bereitzustellen und diese als Dienst allen Anwendungen gleichförmig zur Verfügung stellen.[7]

In diesem Zusammenhang ist auch häufig von DRT, Document Related Technologies, die Rede. Dieser Begriff wurde von Dr. Ulrich Kampffmeyer der Firma Project Consult aus Hamburg geprägt und stellt einen Sammelbegriff für die Branche, die Dokumententechnologien für Capturing, Content Management, Document Management, Knowledge Management, Archivierung, elektronische Signaturen, Portale etc. anbietet, dar.[8]

Zusammenfassend kann man sagen, dass Enterprise Content Management kein neues Produkt an sich, sondern eine zusammenfassende Gruppenbezeichnung für verschiedene Technologien/ Produktbezeichnungen ist.

---

[7] Vgl. Kampffmeyer, U.: Dokumenten-Technologien, 2003, S. 94
[8] Vgl. Kampffmeyer, U.: Dokumenten-Technologien, 2003, S. 345

3 Die Komponenten von Enterprise Content Management

In der folgenden Abbildung sind die von der AIIM identifizierten Komponenten von Enterprise Content Management und deren Interaktion zu erkennen:

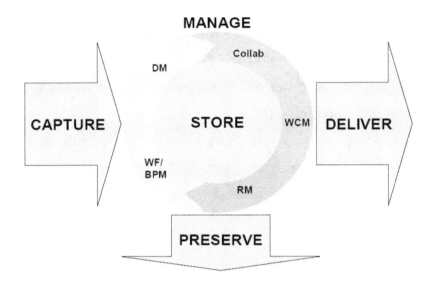

Abbildung 1: AIIM Modell für Enterprise Content Management[9]

In diesem Kapitel werden die Funktionsweisen dieser Komponenten und deren Zusammenspiel genauer erläutert.

3.1 Erfassung (Capture)

Project Consult teilt die Phase der Datenerfassung in drei Hauptkategorien ein: Human created, Recognition und Application created:

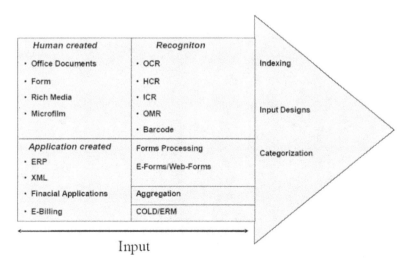

Abbildung 2: Kategorien des Capture-Prozesses[10]

---

[9] Internetquelle: www.aiim.org
[10] Internetquelle: www.project-consult.com

Die erfassten Daten, so unterschiedlich sie auch in ihrer Struktur sind, müssen indexiert, kategorisiert und eventuell in ein bestimmtes Format gebracht werden.

3.1.1 Human created Input

Unter diese Kategorie fallen Office Dokumente, Formulare, Rich Media sowie Mikrofilm.

Office Dokumente können z. B. Textdokumente oder Daten aus einer Anwendung für Tabellenkalkulation sein. Formulardaten entstehen durch Benutzereingaben z. B. im Rahmen einer Knowledge-Management Anwendung. Rich Media ist ein audiovisuelles Medium, das Texte, Grafiken, Animationen, Audio und Video vereint. Mikrofilm ist ein scanfähiger Langzeitspeicher mit einer Lebensdauer von mehreren hundert Jahren.[11]

3.1.2 Recognition

Recognition beinhaltet verschiedene Erkennungstechnologien zur Be- und Verarbeitung bereits erfasster Informationen.

- OCR: Optical Character Recognition. Hierbei wird Text einer gedruckten Vorlage automatisch erkannt und in maschinenlesbare Zeichen umgesetzt.
- HCR: Handprint Character Recognition. Die Erkennung von Handschriften ist eine Weiterentwicklung von OCR, die jedoch bei Fließtexten immer noch nicht zufrieden stellende Ergebnisse liefert. Beim Auslesen von definierten Feldinhalten (zum Beispiel bei der Erkennung von mit Handschrift ausgefüllten Formularen) ist diese Methode doch bereits sehr sicher.
- ICR: Intelligent Character Recognition. ICR ist eine Weiterentwicklung von OCR und HCR, die die Qualität der ausgelesenen Ergebnisse durch Vergleiche, logische Zusammenhänge, Abgleich mit Referenzlisten oder Prüftabellen verbessert.[12]
- OMR Optical Mark Recognition. OMR liest mit hoher Sicherheit spezielle Markierungen in vordefinierten Feldern aus und hat sich bei Fragebögen und anderen Vordrucken bewährt.[13]

---

[11] Vgl. Kampffmeyer, U. und Rogalla, J.: Grundsätze der elektronischen Archivierung, 1997, S. 3 ff.
[12] Vgl. Berndt, O.: Dokumentenmanagementsysteme, 1994, S. 137-139
[13] Vgl. Internetquelle: www.interact.ch/Terms/Begriffe.html

- Barcode: Aufgebrachte Barcodes beim Versenden von Vordrucken können beim Einlesen der Rückläufer automatisiert erkannt und zugeordnet werden.[14]

3.1.3 Application created Input

Application created Input bezeichnet Informationen, die direkt von Anwendungsprogrammen generiert werden. Zum Beispiel kann ein ERP System Bestelldaten generieren, wenn es den Lagerbestand automatisch über eine Schnittstelle prüft und einen unterschrittenen Mindestbestand eines Bauteils „entdeckt".

3.2 Verwaltung (Manage)

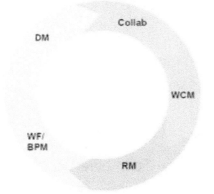

Abbildung 3: Manage-Komponente von ECM[15]

Die Anwendungsfelder Dokumentenmanagement, Collaboration, Web Content Management, Records Management und Workflow/ Business Process Management bilden die Manage-Komponenten (Verwaltungs- und Verarbeitungskomponenten), die Capture, Store, Deliver und Preserve verbinden und kombiniert oder alternativ eingesetzt werden können.[16]

---

[14] Vgl. Berndt, O.: Dokumentenmanagementsysteme, 1994, S. 133+134
[15] Internetquelle: www.project-consult.com
[16] Vgl. Internetquelle: www.project-consult.com

3.2.1 Dokumentenmanagement

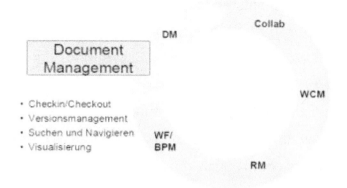

Abbildung 4: Dokumentenmanagement als Teil der Manage-Komponente[17]

Dokumentenmanagementsysteme dienen zur Verwaltung elektronischer Dokumente. Der Begriff „Dokument" kommt aus dem Lateinischen und bedeutet „Urkunde, schriftliche Unterlage, Beweisstück". Hier wird unter einem Dokument nur die materielle, das heisst, die greifbare Papierversion eines Belegs verstanden.[18]

Im Dokumentenmanagement wird der Begriff „Dokument" weiter gefasst: auch E-Mails, Videos, gescannte Bilder, Audiodateien, etc., also digitale Informationen, werden als Dokumente bezeichnet.[19]

Ein Dokument kann folgende Merkmale haben um eine elektronische Verwaltung möglich zu machen:

- physische Eigenschaften: Papier, Datei u. ä.

- formale Eigenschaften: Aufbau, Gestaltung u. ä.

- Ordnung: fachliche Zugehörigkeit, Version, Reihenfolge u. ä.

- Inhalt: inhaltlicher Bezug u. ä.

- Charakter: Archivierungswürdigkeit, Rechtliche Aspekte, Bearbeitungs-möglichkeiten u. ä.

- Zeit: Datum der Erstellung, Verfallsdatum, letzte Benutzung u. ä.

- Erzeuger: Absender, Ersteller, Autor, u. ä.

- Nutzer: Empfänger, berechtigter Bearbeiter, Leser, u. ä.[20]

---

[17] Internetquelle: www.project-consult.com
[18] Vgl. Internetquelle: www.wissen.de
[19] Vgl. Kampffmeyer/ Merkel: Grundlagen des Dokumentenmanagements, 1997, S. 21+22
[20] Vgl. Internetquelle: www.wikipedia.org

Klassische Dokumentenmanagementsysteme (für sich selbst stehende Softwaresysteme) sind aus der Notwendigkeit entstanden, Verwaltungsfunktionen für die enorm wachsenden Dateibestände zur Verfügung zu stellen.

Wesentliche Eigenschaften von Dokumentenmanagementsystemen sind visualisierte Ordnerstrukturen, Checkin/ Checkout-Funktionen, Versionierung, Suchtechnologien, sowie datenbankgestützte Metadatenverwaltung zur Indizierung der abgelegten Dokumente. Zur Abgrenzung dieser Produkte von Document Imaging, Workflow und Groupware spricht man auch häufig von Compound-Document-Management-Lösungen (= ein aus beliebigen Objekten zusammengesetztes Dokument). Sie werden zum Beispiel zum Produktdatenmanagement und Verwaltung von Office-Dokumenten eingesetzt.[21]

3.2.2 Collaboration (Groupware)

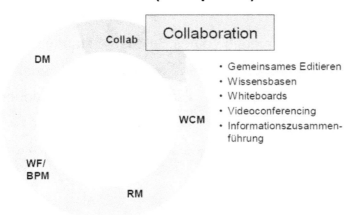

Abbildung 5: Collaboration als Teil der Manage-Komponente[22]

Collaboration, im Folgenden Groupware genannt, bezeichnet im ursprünglichen Sinne die Software und die betroffenen sozialen Prozesse zur Unterstützung von Gruppenarbeit. In den vergangenen Jahren wird der Begriff jedoch fast ausschließlich mit Software in Verbindung gebracht. Im engeren Sinne beschreibt Groupware das System aus Software und eventuell benötigter Hardware zur Unterstützung und Ermöglichung von Gruppenarbeit. Der Fokus liegt dabei auf Gruppen, die räumlich und zeitlich getrennt voneinander arbeiten müssen.[23]

Groupware wird oft in drei Kategorien abhängig vom Level der Zusammenarbeit eingeteilt: Kommunikation, Kooperation und Koordination:

---

[21] Vgl. Kampffmeyer, U.: Dokumenten-Technologien, 2003, S. 51 ff. + S. 338
[22] Internetquelle: www.project-consult.com
[23] Vgl. Internetquelle: Failenschmidt, R: Fachhochschule Esslingen: www.fhmannheim.de:2000/~msqladm/ easypro.html

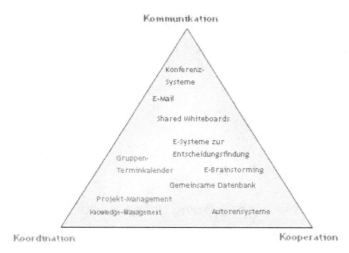

Abbildung 6: Unterstützungsfunktionen von Groupware[24]

Kommunikation

Bei der Kommunikation stehen Möglichkeiten zur Übermittlung von Nachrichten in elektronischen Formaten zur Verfügung. Informationen werden den Teammitgliedern in elektronischen Dokumenten verfügbar gemacht.

- E-Mail
- Konferenz-Systeme (Audio/Video Konferenzen)
- Shared Whiteboards
- Elektronische Systeme zur Entscheidungsfindung[25]

Kooperation

- Autorensysteme
- Elektronisches Brainstorming
- Gemeinsame Datenbank

Für die Arbeitsgruppe steht ein gemeinsam genutzter, virtueller Arbeitsplatz zur Verfügung. Die Ergebnisse der Arbeit werden dort hinterlegt.[26]

Koordination

Die ersten beiden Aspekte der Groupware, Kommunikation und Kooperation, unterstützen lediglich einzelne Teammitglieder bei der Kommunikation und Kooperation. Der dritte Aspekt ist die Koordination, die auf diese beiden aufbaut.

---

[24] Burger, C.: Groupware – Kooperationsunterstützung für verteilte Anwendungen, 1997, S. 19
[25] Vgl. Teufel, S.: Computerunterstützung für die Gruppenarbeit, 1995, S. 30 ff.
[26] Vgl. Teufel, S.: Computerunterstützung für die Gruppenarbeit, 1995, S. 30 ff.

Erst durch die Koordination ist es möglich, vorhandene Ressourcen aufgabengerecht einzusetzen, um so effiziente Teamarbeit zu ermöglichen.

- Gruppen-Terminkalender
- Raum- und Gerätenutzungskalender
- Projekt-Management Systeme
- Knowledge Management[27]

In der Literatur wird hier oft noch Workflow Management genannt, auf dass hier bewusst verzichtet wird, da es nach dem hier als Grundlage verwendeten Modell von Ulrich Kampffmeyer (siehe Kapitel 3.2) als separater Baustein des Manage-Blocks behandelt wird.

3.2.3 Web Content Management

Abbildung 7: Web Content Management als Teil der Manage-Komponente[28]

Ein Web Content Management System soll zu einer effizienten Pflege und Verwaltung von Webseiten führen. Ohne Web Content Management müssen Texte und Änderungswünsche der Internet-Agentur mitgeteilt werden, die diese Inhalte dann mehr oder weniger zeitverzögert online stellt. Problem ist hierbei keine Trennung der zwischen Inhalt, Navigation und Layout der Website. Es sind bei jeder Änderung Programmierkenntnisse nötig, die meist durch die eigenen Mitarbeiter nicht vorhanden sind. Web Content Management automatisiert die Prozesse bis einschließlich des Going-Live (Onlinestellung von Web-Inhalten) weitgehend. So können sich die Mitarbeiter eines Unternehmens auf ihre Kernkompetenzen

---

[27] Vgl. Teufel, S.: Computerunterstützung für die Gruppenarbeit, 1995, S. 30 ff.
[28] Internetquelle: www.project-consult.com

konzentrieren und sehr teure Agenturleistung muss nicht mehr zusätzlich eingekauft werden. Der Clou eines Web Content Management Systems ist die Trennung von Struktur, also Navigationselementen, Seitenaufteilung, etc. von den eigentlichen Inhalten (dem Content) der Website. Dabei kann ein Mitarbeiter einen genau ihm zugeordneten Bereich intuitiv über seinen Browser bearbeiten und freigeben, ohne sich mit HTML oder Programmiersprachen befassen zu müssen.[29]

Folgende Grafik zeigt die elementaren Funktionen eines Web Content Management Systems:

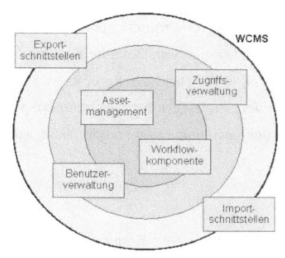

Abbildung 8: Funktionen eines Web Content Management Systems[30]

Asset Management:

Die Hauptkomponente „Asset Management" ist für die Verwaltung der digitalen Bestandteile wie Texte, Bilder, Grafiken, multimediale Inhalte, etc. der Website verantwortlich. Diese Bestandteile müssen nicht nur gesammelt und abgelegt, sondern auch strukturiert und dargestellt werden. Text-Assets kann ein Web Content Management System zum Beispiel so strukturieren, dass genau spezifiziert wird, was eine Überschrift ist, was die Einleitung und was der Textkörper. So können Bausteine der Website durch unterschiedliche Personen bearbeitet werden und dann durch das Web Content Management System automatisch zusammengefügt werden. Eine zentrale Ablage der Daten und eine Versionsverwaltung macht eine Nutzung auch in weiteren Publikationen (Print, Handys) möglich.

---

[29] Vgl. Eren, E: Web Content Management, E-Commerce Magazin, 11/2002, S. 27
[30] Internetquelle: www.wikipedia.org

Den einzelnen Assets werden Attribute zugeordnet, die Informationen über Autor oder Versionierung enthalten. So kann das System automatisch kontextbezogene Seiten mit den gerade benötigten Inhalten erstellen und online publizieren.

Als besondere Eigenschaft kommt die Zusammenführung von Inhalten aus verschiedenen Quellsystemen hinzu. Diese Systeme sind zunehmend Datenbank-basiert (Ablösung von HTML-hierarchischen Verzeichnissen).[31]

Workflow-Komponente:

Die Workflow-Komponente sichert die Qualität des Inhaltes der Website. Sie schafft eine Arbeitsumgebung, in der mehrere Mitarbeiter freigabebasiert an einem Dokument arbeiten können. Hinzu kommen weitere Workgroupfunktionalitäten wie Benachrichtigungen, To-Do-Listen, Sperren und Ausleihen von Dokumenten usw.

Als Beispiel wäre hier ein ins System übertragener Artikel zu nennen, der den Workflow initiiert um dann von verschiedenen vorgesetzten oder gleichberechtigten Mitarbeitern geprüft und dann entweder zurückgewiesen oder veröffentlicht wird, also letztendlich auf der Website erscheint.[32]

Benutzerverwaltung:

Die Benutzerverwaltung stellt Funktionen zum Anlegen neuer Benutzerkonten- und Gruppen, sowie zum Bearbeiten und Löschen bestehender Konten zur Verfügung. Die Benutzerverwaltung ist eng an die Zugriffsverwaltung gekoppelt.[33]

Zugriffsverwaltung:

Die Zugriffsverwaltung ordnet die unterschiedlichen Benutzer entsprechend ihrer Nutzerprofile bestimmten Berechtigungen (User-Level) zu. Authentifikationsmechanismen sorgen für die Sicherheit von Inhalten. Sperrmechanismen ermöglichen ein verteiltes/ paralleles Arbeiten.[34]

Export-/ Importschnittstellen:

Um die Integrationsfähigkeit eines Web Content Management Systems zu gewährleisten muss über Schnittstellen ein Datenaustausch mit anderen

---

[31] Vgl. Eren, E: Web Content Management, E-Commerce Magazin, 11/2002, S. 27
[32] Vgl. Internetquelle: www.webwork-magazin.net/magazin/artikel/103
[33] Vgl. Eren, E: Web Content Management, E-Commerce Magazin, 11/2002, S. 27
[34] Vgl. Eren, E: Web Content Management, E-Commerce Magazin, 11/2002, S. 27

Anwendungen erfolgen können. Vermehrt werden Daten zum Beispiel aus einem ERP System auch online benötigt und genau diese Integration muss im Kontext einer Enterprise Content Management Strategie gewährleistet sein.[35]

3.2.4 Records Management

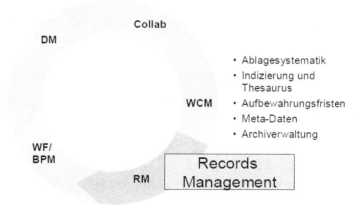

Abbildung 9: Records Management als Teil der Manage-Komponente [36]

Definition: *„Records Management bezeichnet die Verwaltung von Records (= Aufzeichnung, die einen rechtlichen, kaufmännischen oder ähnlich gelagerten Sachverhalt nachvollziehbar und nachprüfbar dokumentiert) unabhängig vom Medium. Die Verwaltung muss dabei geordnet, sicher und nachvollziehbar sein. Die Records müssen eindeutig identifizierbar, im Sachzusammenhang erschließbar, authentisch und originär, gegen unauthorisierte Benutzung und entsprechend den vorgesehenen Aufbewahrungs- und Vernichtungsfristen der Objekte verwaltet werden. Basis für Records Management sind strukturierte Ablagepläne, definierte Ordnungskriterien und geeignete, persistente Findmittel.*
Elektronisches Records Management ist die Verwaltung der Records mit einem Software-basierten System, das sowohl elektronische Medien als auch die Ablageorte herkömmlicher physischer Archive erschließen kann".[37]

Zu elektronischem Records Management gehören also folgende Funktionen:
- Abbildung von Aktenplänen und anderen strukturierten Verzeichnissen zur geordneten Ablage von Informationen
- Thesaurus- oder kontrollierte wortschatzgestützte eindeutige Identifizierung von Informationen

---

[35] Vgl. Eren, E: Web Content Management, E-Commerce Magazin, 11/2002, S. 27
[36] Internetquelle: www.project-consult.com
[37] Kampffmeyer, U.: Dokumenten-Technologien, 2003, S. 46

- Verwaltung von Aufbewahrungs- und Vernichtungsfristen (Zeitstempel und elektronische Signaturen müssen auf jeden Record)
- Schutz von Informationen entsprechend ihren Eigenschaften, zum Teil bis auf einzelne Inhaltskomponenten in Dokumenten
- Nutzung international, branchenspezifisch oder zumindest unternehmensweit standardisierter Metadaten zur eindeutigen Identifizierung und Beschreibung der gespeicherten Informationen.
- Speicherung der Daten auf physisch unveränderbare Medien oder auf magnetischen Speichern in gesicherter Umgebung um nachträgliche Veränderungen auszuschließen.[38]

Zwei wichtige Standards liefern einen Anforderungskatalog an moderne Records Management Systeme: MoReq und ISO 15489:

MoReq:

MoReq (Model Requirements for the Management of Electronic Records) wurde von der Europäischen Kommission im Mai 2001 veröffentlicht. Die Richtlinie beschreibt funktionale Anforderungen an elektronische Records Management Systeme und legt Muss- und Soll-Kriterien fest, wie Kontroll- und Sicherheitskriterien (Zugangsrechte, Schutz und Sicherung der Daten), die Erfassung von Informationen und Such- und Retrieval-Voraussetzungen.[39]

ISO 15489:

Das zweiteilige ISO 15489 stellt Management-Richtlinien zur Unternehmenspolitik und Vorgehensweisen für das Records Management zur Verfügung. Es wurde im November 2001 von der International Organisation for Standardisation veröffentlicht. Teil 1 definiert den Inhalt eines Records Management Programms. Es legt fest, welche Dokumente erzeugt und welche Informationen in die Dokumente eingefügt werden müssen und welcher Genauigkeitsgrad erforderlich ist. Des Weiteren legt es fest, wie Dokumente zu organisieren sind, um diese möglichst effektiv nutzen zu können. Teil 2 beschreibt die einzelnen Schritte bei der Einführung eines elektronischen Records Management Systems.[40]

---

[38] Vgl. Internetquelle: www.computerbase.de/rm_records_management_.28.html
[39] Vgl. Kampffmeyer, U.: Dokumenten-Technologien, 2003, S. 48 ff.
[40] Vgl. Kampffmeyer, U.: Dokumenten-Technologien, 2003, S. 48 ff.

Zu Erwähnen sei noch die vom US-Verteidigungsministerium festgelegte Norm DoD 5015.2 (6. März 2000), die sich zunehmend als internationaler Industriestandard durchsetzt. Diese Richtlinie gibt Mindestanforderungen und Schnittstellen für Records Management Lösungen vor, die auch im US-Verteidigungsministerium selbst eingesetzt werden.[41]

Die Notwendigkeit eines elektronischen Records Management wird auch deutlich in Anbetracht der seit 1. Januar 2002 geltenden neuen Regeln für die Betriebsprüfung im Rahmen der „GDPdU" – Grundsätze zum Datenzugriff und zur Prüfung digitaler Unterlagen. Nach diesen Grundsätzen wurde der Finanzbehörde das Recht eingeräumt, auf die für die Besteuerung relevanten digitalen Daten des Steuerpflichtigen zu zugreifen.[42]

Im Falle einer Betriebsprüfung fordert der Betriebsprüfer vom steuerpflichtigen Unternehmen steuerrelevante Daten, um diese dann auf seinem Computer einzulesen und auszuwerten. Gemäß den Prüfungsschwerpunkten sucht der Prüfer die ihn interessierenden Tabellen heraus und führt teils automatisierte Prüfungen durch. Diese Daten müssen natürlich in einer von der Behörde geforderten Form vom Unternehmer vorgehalten werden.[43]

Ein Records Management System im Rahmen einer unternehmensweiten ECM Strategie muss also unbedingt den oben genannten Anforderungen genügen.

---

[41] Vgl. Internetquelle: www.workonline.ch
[42] Vgl. Internetquelle: www.bundesfinanzministerium.de
[43] Vgl. BIT: GDPdU – Elektronische Archivierung im Lichte der Steuerprüfung Teil 2, 5/2003, S. 43

3.2.5 Workflow/ Business Process Management

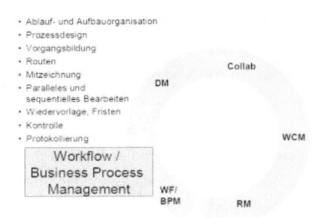

* Ablauf- und Aufbauorganisation
* Prozessdesign
* Vorgangsbildung
* Routen
* Mitzeichnung
* Paralleles und
  sequentielles Bearbeiten
* Wiedervorlage, Fristen
* Kontrolle
* Protokollierung

Abbildung 10: Workflow /Business Process Management als Teil der Manage-Komponente [44]

Der Begriff Workflow ist dem Englischen entlehnt und bedeutet wörtlich übersetzt „Arbeitsfluss".[45]

Workflow-Funktionalität wird überall dort benötigt, wo stark strukturierte Prozessabläufe computergestützt bearbeitet werden können. Ein Workflow ist ein Prozess, der aus einzelnen Aktivitäten aufgebaut ist, die sich auf Teile eines Geschäftsprozesses oder andere organisatorische Vorgänge beziehen. Die einzelnen Aktivitäten stehen in Abhängigkeit zueinander. Somit hat ein Workflow einen definierten Anfang, einen organisierten Ablauf und ein definiertes Ende. Allgemein sind Workflows organisationsweite arbeitsteilige Prozesse, welche die anfallenden Tätigkeiten von Personen bzw. Software-Systemen koordinieren.[46]

Abbildung 11 zeigt einen Geschäftsprozess, an dem mehrere Teilnehmer beteiligt sind. Das beteiligte Dokument durchläuft bis zur Freigabe verschiedene Stationen elektronisch im Unternehmen:[47]

---

[44] Internetquelle: www.project-consult.com
[45] Vgl. Internetquelle: www.wissen.de
[46] Vgl. SAP Press: Workflow-Management mit SAP, 2002, S. 17 ff.
[47] Vgl. SAP Press: Workflow-Management mit SAP, 2002, S. 32

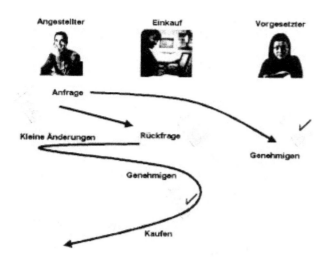

Abbildung 11: Workflow Management Management mit SAP[48]

Workflow Management umfasst alle Aufgaben, die bei der Modellierung, Spezifikation, Simulation sowie bei der Ausführung und Steuerung der Workflows erfüllt werden müssen. Demnach dient ein Workflow Management System der aktiven Steuerung arbeitsteiliger Prozesse. Es unterstützt strukturierte Aufgaben und Prozesse, während Groupware die Unterstützung unstrukturierter Prozesse beinhaltet.[49]

Die Komponenten eines Workflow Management Systems sollen anhand des Workflow Reference Model der WfMC (Workflow Management Coalition) erläutert werden. Die WfMC wurde im August 1993 als internationale Non-Profit-Organisation von Workflow Management System – Anbietern, Anwendern und Beratern gegründet. Ziel ist es, durch die Definition von Standards und Schnittstellen eine Interoperabilität zwischen verschiedenen Systemen zu erreichen.[50]
Es enthält folgende Komponenten:

Workflow Enactment Service:
Der Workflow Enactment Service ist die Laufzeitumgebung eines Workflow Management Systems und damit das Kernstück des Systems. Ein oder mehrere Workflow Engines (Vorgangsausführungsdienste) ermöglichen die Erzeugung, Verwaltung und Ausführung von Workflows. Zur Laufzeitumgebung gehören auch alle Applikationen, die von den Workflow Engines aus aufgerufen werden, um

---

[48] SAP Press: Workflow-Management mit SAP, 2002, S. 20
[49] Vgl. SAP Press: Workflow-Management mit SAP, 2002, S. 17 ff.
[50] Vgl. Hastedt-Marckwardt, Christian: Informatik Spektrum, 22/1999, S. 102

Dienste für die Laufzeitumgebung zu erbringen. Dazu gehören auch Applikationen, die direkt Benutzern zugeordnet sind.[51]

Process Definition Tools:

Process Definition Tools sind die Workflow-Modellierungs- und Definitionswerkzeuge, die sprachlich oder graphisch die Modellierung und Beschreibung von Workflows ermöglichen. Folgende Informationen/ Daten müssen bearbeitet werden: Bedingungen für Start und Beendigung eines Workflows, Identifikation von Datentypen und Zugriffsdaten, Definition von Zustandsübergangkonditionen und Ablaufregeln und Informationen zu Entscheidungen über Ressourcenallokationen.[52] [53]

Invoked Applications:

Invoked Applications sind aufrufbare Anwendungen, die über APIs (Application Programming Interfaces) von der Workflow-Laufzeitumgebung aus aufgerufen werden, um elementare Dienste zu erbringen. Diese Aufrufe sind typischerweise bei der Abarbeitung elementarer Workflows zu finden.[54]

Workflow Client Applications:

Die Workflow Client Applikationen repräsentieren den Arbeitsplatz von Benutzern. Sie stellen die Benutzerschnittstelle zum Workflow Management System dar. Über diese Schnittstelle werden Workflows gestartet bzw. ausgeführt. Ebenfalls werden über diese Schnittstelle dem Benutzer Dokumente oder Informationen vom Workflow Management System aus zugestellt und nach Beendigung der Aufgabe auch wieder abgeholt.[55]

Administration and Monitoring Tools:

Administration- und Überwachungswerkzeuge stellen zur Laufzeit wichtige Daten über und von Workflowinstanzen zur Verfügung. Mit ihrer Hilfe lassen sich Simulationen durchführen oder eine Datenaufzeichnung realisieren.[56]

[51] Vgl. Logistik Heute: Workflow-Managementsysteme, 9/2001, S. 56
[52] Vgl. Logistik Heute: Workflow-Managementsysteme, 9/2001, S. 56
[53] Vgl. Hastedt-Marckwardt, Chr.: Informatik Spektrum, 22/1999, S. 102
[54] Vgl. Logistik Heute: Workflow-Managementsysteme, 9/2001, S. 56
[55] Vgl. Logistik Heute: Workflow-Managementsysteme, 9/2001, S. 56
[56] Vgl. Hastedt-Marckwardt, Chr.: Informatik Spektrum, 22/1999, S. 103

Eine Übersicht, wie sich Workflow Management Systeme nach Einsatzgebieten segmentieren lassen, gibt die nachfolgende Grafik:

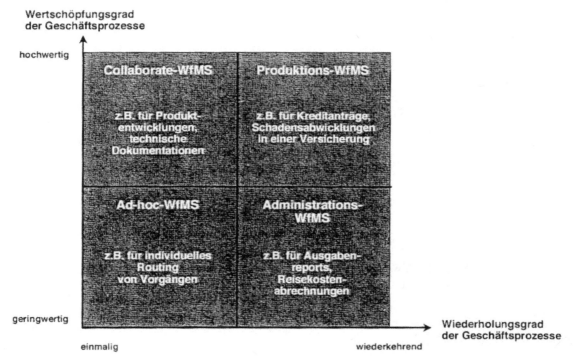

Abbildung 12: Segmentierung nach Wertschöpfungs- und Wiederholungsgrad[57]

Wichtig bei der Einführung eines Business Process Management-/ Workflow-Systems ist die Einbeziehung der Mitarbeiter. In ihnen muss ein positives Bewusstsein einer solchen Lösung geweckt werden, in dem man die Mitarbeiter aktiv in die Umsetzung mit einbezieht. Geschieht dies nicht, so würden die Mitarbeiter die neuen Systeme nicht effektiv und überzeugt nutzen oder sehen im Extremfall sogar den eigenen Arbeitsplatz durch die oft damit verbundenen Prozessoptimierungen bzw. Prozessneugestaltungen bedroht.[58]

3.3 Speicherung (Store)

Store-Komponenten dienen zum temporären Speichern von nicht archivierungswürdigen oder archivierungspflichtigen Informationen. Trotz des Einsatzes von Medien, die zur Langzeitarchivierug geeignet sind, sind die Store-

---

[57] Moore, C.: The End of Workflow as We Know It, 1997
[58] Vgl. Besemann, M.: Business Process Management, 6/2004, S. 21

Komponenten klar von den Preserve-Komponenten (Archiv-Komponenten) abgegrenzt.[59]

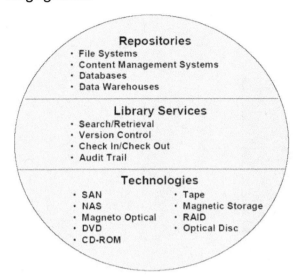

Abbildung 13: ECM Komponente Store[60]

Repositories:

Repositories sind Speicherorte und Datenspeichersysteme. Sie umfassen also u. a. das Filesystem, Caches, Datenbanken und Data Warehouses.[61]

Library Services:

Library Services sind systemnahe Verwaltungskomponenten mit denen auf Informationen zugegriffen wird. Library Services verwalten die Speicherorte in der temporären Ablage und im Langzeitarchiv der Kategorie Preserve. Eine wichtige Funktion ist auch die Erzeugung von Protokollen und Journalen zur Nutzung der Information und über Veränderungen an den Informationen.[62]

Technologies:

Hier können je nach Anwendungsbereich unterschiedliche Speichertechnologien für die Speicherung der anfallenden Informationen eingesetzt werden:
Dazu gehören Festplatten als RAID-System am Server, Magnetbänder oder Digital Optical Disks (CD, DVD, Jukeboxen).[63]

[59] Vgl. Kampffmeyer, U.: Dokumenten-Technologien, 2003, S. 21 ff.
[60] Internetquelle: www.project-consult.com
[61] Vgl. Internetquelle: www.speicherguide.de
[62] Vgl. Internetquelle: www.computerbase.de
[63] Vgl. Internetquelle: www.speicherguide.de

3.4 Bewahrung (Preserve)

Abbildung 14: ECM Komponente Preserve[64]

Preserve ist gleichzusetzen mit dem bekannten Anwendungsfeld der elektronischen Langzeitarchivierung. Es dient dazu, Daten langfristig stabil, statisch und unveränderbar aufzubewahren. Zu den hier genutzten Speichermedien gehören nicht nur elektronische Medien, sondern auch Papier oder Mikrofilm.

Entscheidend bei der elektronischen Archivierung und bei allen Langfristspeichersystemen ist die rechtzeitige Einplanung und regelmäßige Durchführung von Migrationen um die Information in sich verändernden technischen Umgebungen verfügbar zu halten. Dieser kontinuierliche Prozess wird auch „Continuous Migration" genannt.

Wichtige Speichersystemkomponenten sind WORM (Write Once Read Many) Speichermedien. Diese rotierenden optischen Speichermedien lassen sich nur einmal beschreiben und werden so den in Kapitel 3.2.4 dargestellten Records Management Anforderungen der Unveränderbarkeit von Daten gerecht. Es kommen auch NAS/SAN (Network Attached Storage / Storage Area Networks) zum Einsatz, wenn sie in gesicherter Umgebung betrieben werden, d. h. den Anforderungen an unveränderbarer Speicherung genügen.[65]

3.5 Ausgabe (Deliver)

Die Deliver-Komponenten stellen Informationen aus den Manage-, Store- und Preserve-Komponenten zur Verfügung. Sie beinhalten aber auch Funktionen, die wiederum für die Eingabe von Informationen in Systeme (z. B. Informationsübergabe

---

[64] Internetquelle: www.project-consult.com
[65] Vgl. Internetquelle: www.computerbase.de

auf Medien oder Erzeugung formatierter Ausgabedateien) oder für die Aufbereitung von Informationen (z. B. Konvertierung oder Kompression) für die Store- und Preserve-Komponenten.

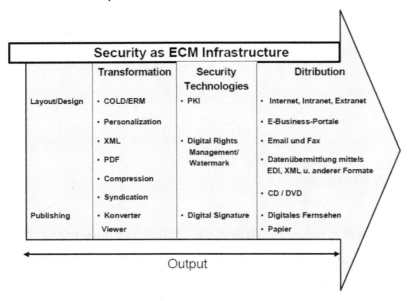

Abbildung 15: ECM Komponente Deliver[66]

Die Ausgabe-Komponente kann ich drei Gruppen unterteilt werden: Transformation, Security Technologies und Distribution.

Transformation Technologies:

Um Daten in die benötigten Formate zu bekommen, werden u. a. folgende Transformations-Technologien eingesetzt:

COLD: Computer Output on Laser Disc. Cold-Systeme nehmen Daten entgegen, extrahieren Indexdaten und speichern Informationen. Auf die Daten kann dann ohne das erzeugende Programm zugegriffen werden.[67]

XML: Extensible Markup Language. XML ist eine plattformunabhängige Auszeichnungssprache zur Erstellung von strukturierten Daten in elektronischen Dokumenten.[68]

PDF: Portable Document Format. PDF gilt als de-facto-Standard für den Austausch von elektronischen Dokumenten. Dabei werden Schriftarten, Grafiken etc. des Ursprungsdokumentes beibehalten.[69]

---

[66] Internetquelle: www.project-consult.com
[67] Vgl. Kampffmeyer und Rogalla: Grundsätze der elektronischen Archivierung, 1997, Seite 102
[68] Vgl. Roberts, M.: Interrnetmarketing, 2003, S. 98
[69] Vgl. Internetquelle: www.adobe.de/education/ed_products/pdf.html

Security Technologies:

Sicherheitstechnologien stehen als Oberfunktion allen ECM-Komponenten zur Verfügung. Zum Einsatz kommen hier folgende Technologien:

- PKI: Public Key Infrastructure. PKI ist ein asymmetrisches Verschlüsselungsverfahren mit zwei Schlüsseln (ein öffentlicher und ein privater Schlüssel). Mit diesem heute gängigen Verfahren wird die Authentisierung, Identifizierung, Vertraulichkeit und Nichtabstreitbarkeit von elektronischen Daten sichergestellt.[70]

- DRM: Digital Rights Management. DRM ist ein Verfahren mit dem Rechte an elektronischen Daten (Software, Film- und Tonaufnahmen) geschützt werden. Es soll auch Abrechnungsmöglichkeiten für Lizenzen und Rechte schaffen.[71]

Distribution:

Zum Einsatz kommen hier Ausgabe- und Distributionsmedien wie Internet, Intranet, Portale, E-Mail, Fax, EDI, Mobiltelefone, Datenträger, Papier oder andere Multimedia-Dienste.

---

[70] Vgl. Fitzgerald und Dennis: Business Data Communications and Networking, 2002, S. 324 ff.

[71] Vgl. Internetquelle: www.digital-rights-management.de

4 Synergien einer alles umfassenden Gesamtlösung im Sinne von ECM

Es wird deutlich, dass Enterprise Content Management eine Art Unternehmensinfrastruktur ist, die aus verschiedenen bereits in der Unternehmenssoftware bekannten Einzelkomponenten besteht. Es werden also einzelne Lösungen, wie zum Beispiel klassisches Dokumentenmanagement, Web Content Management, Records Management usw. zu einer Gesamtlösung zusammengefasst. Nun stellt sich die Frage, ob diese komplett integrierte aus einer Hand stammende Gesamtlösung überhaupt Sinn macht. Wo ergeben sich Effekte, die die damit verbundenen sehr hohen Kosten rechtfertigen?

Im Bereich klassischem Dokumentenmanagement und dem neueren Web Content Management zeichnen sich klare Vorteile ab:

Als Beispiel aus der Praxis ist BMW zu nennen: Hier wird dem Kunden ein Techniklexikon online zur Verfügung gestellt, in dem er die Funktionsweise und Technische Details (hier: Konstruktionszeichnungen des BMW 1er Modells) erkunden kann. Die Konstruktionszeichnung in Abbildung 16 ist auch im auf das Techniklexikon hinweisende Werbeprospekt abgedruckt:

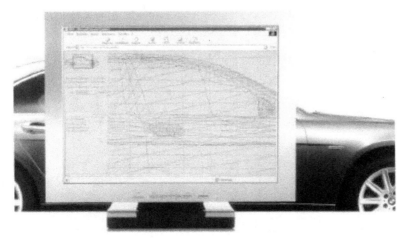

Abbildung 16: BMW Techniklexikon online[72]

Somit greifen schon mindestens zwei unterschiedliche Nutzer auf die Bilddatei zu: Einmal die Internet-Anwendung „BMW Techniklexikon" sowie der Verantwortliche für den Druck des Werbeprospektes. Oft ist es in der Praxis so, dass diese Datei auf

---

[72] BMW: Verkaufsprospekt des BMW 1er, 2003

zwei voneinander getrennt arbeitenden Systemen gespeichert wird. Diese Redundanz lässt sich durch eine Gesamtlösung mit nur einer gemeinsamen Datenbasis vermeiden.

Ein gutes Web Content Management System sollte darüber hinaus auch Daten und Informationen aus Finanz-, ERP- oder CRM-Systemen abbilden können:

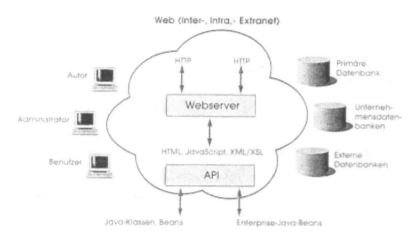

Abbildung 17: Integriertes Web Content Management System[73]

Synergien ergeben sich auch in anderen Manage-Komponenten im Bereich des Web Content Management: So werden Technologien der Collaboration-Komponente beim Bearbeiten einer neuen Website benötigt. Es muss eine Kommunikation zwischen den einzelnen am Seitenerstellungsprozess zusammenarbeitenden Mitarbeiter existieren und einzelne Bausteine/ Arbeitsschritte der Website müssen koordiniert werden. Beim genaueren betrachten des Going-Live (Online stellen von Inhalten einer Website) Prozesses einer Website wird ersichtlich, dass die erstellte Seite erst von ein oder mehreren Personen freigegeben werden muss. Um diese Freigabe virtuell durchzuführen, muss ein Workflow Management System die benötigte Umgebung bereitstellen – es wird wieder eine weitere Manage-Komponente des ECM-Modells benötigt: Workflow. Auch hier macht es Sinn, diese Funktionalitäten nur einmal als Infrastruktur bereitzustellen und diese die verschiedenen Anwendungen im Unternehmen nutzen zu lassen.

Interessant ist auch der Portalgedanke: Die Mitarbeiter eines Unternehmens können im Sinne einer alles umfassenden ECM-Lösung jede benötigte Anwendung direkt

[73] IT-Management: Web Content Management, Heft 8, 2000, S. 20

über ein Portal starten. So bekommt jeder die genau für ihn zugeschnittene Information auf einen Blick und kann die benötigten Anwendungen aus dem Portal heraus starten, ohne sich erneut an verschiedene Systeme gewöhnen und anmelden zu müssen.

Auch aus der Sicht der in Kapitel 3.2.4 angesprochenen Grundsätze zum Datenzugriff und zur Prüfung digitaler Unterlagen (GDPdU) müssen viele in den Firmen schon existierende Dokumenten-Management-Systeme aufwendig an die neuen Vorgaben des Bundesfinanzministeriums angepasst werden.

5 Wohin geht die Reise?

ECM – mag der Begriff nun substantiell Neues erfassen oder nicht – wird langfristige Bedeutung für den Einsatz von Informationstechnologie in Unternehmen erlangen.

ECM ist eine Strategie, die viele Disziplinen – von E-Mail-Management, Web-Content-Verwaltung und Portalen über Dokumenten – sowie Business-Process-Management bis hin zur Langzeitarchivierung - beinhaltet.

Firmen, die vor der Entscheidung stehen, eine ECM Lösung als Suite von einem Anbieter einzukaufen, sollten sich die Komponenten des ECM Systems genau ansehen: Viele Firmen werben mit diesem neuen Modewort, ohne alle Komponenten nach dem hier betrachteten ECM Modell in ihrer Lösung auch bieten zu können. Eine spätere Umrüstung ist in jedem Fall sehr teuer und oft auch nur begrenzt möglich. Deshalb sollte die Evaluierung verschiedener am Markt angebotener Lösungen mit besonders viel Sorgfalt und eventuell mit einem unabhängigen darauf spezialisierten Beratungsunternehmen durchgeführt werden.
Fakt ist, dass wenige Anbieter existieren, die alle Komponenten für eine ECM-Lösung aus einer Hand als integrierte und unternehmensweite Lösung zur Verfügung stellen. Bei vielen großen Herstellern geht der Trend zur Zusammenfassung einzelner Komponenten wie Dokumentenmanagement, Web Content Management oder Workflow Management zu großen Suiten. Kleinere Hersteller können solche Suiten oft nicht anbieten und kämpfen daher in einer noch nicht abgeschlossenen Konsolidierungsphase im ECM Mark ums überleben.

Unternehmen müssen sich früher oder später mit Enterprise Content Management als alles umfassende Lösung befassen, da die immer größer werdende Informationsflut in Verbindung mit immer schneller werdenden Geschäftsprozessen anders kaum verwaltet und wettbewerbsfähig genutzt werden kann.

Auf jeden Fall ist es sinnvoll, von den verschiedenen Herstellern Lösungen auf Modulbasis geliefert zu bekommen, welche dann aufgrund einheitlich definierter Schnittstellen auch anbieterunabhängig und ohne großen Integrationsaufwand zu einer Best-of-Breed Gesamtlösung kombiniert werden können.

Quellenverzeichnis

Literaturverzeichnis:

Berndt, O. und Leger, L.: Dokumenten-Management-Systeme, Berlin, 1994

Besemann, M.: Business Process Management, IT-Management, Heft 6, 2004

BIT: Enterprise Content Management, Heft 6, 2003

BIT: GDPdU – Elektronische Archivierung im Lichte der Steuerprüfung Teil 2, Heft 5, 2003

Burger, C.: Groupware – Kooperationsunterstützung für verteilte Anwendungen, Stuttgart, 1997

Erin, E.: Web Content Management, E-Commerce Magazin, Heft 11, 2002

Fitzgerald, J. und Dennis, A.: Business Data Communications and Networking, Danvers, 2002

Hastedt-Marckwardt, Chr.: Workflow Management Systeme, Informatik Spektrum, Heft 22, 1999

Kampffmeyer, U.: Dokumenten-Technologien, Hamburg, 2003

Kampffmeyer, U. und Rogalla, J.: Grundsätze der elektronischen Archivierung, Wiesbaden, 1997

Kampffmeyer U.: Grundlagen des Dokumenten-Managements, Wiesbaden, 1997

Logistik Heute: Workflow-Management-Systeme, Heft 9, 2001

Moore, C.: The End of Workflow as We Know It, 1997

Roberts, M.: Internetmarketing, New York, 2003

SAP Press: Workflow-Management mit SAP, Bonn, 2002

Sieber & Partners AG: ECM Studie, 2003

Teufel, S.: Computerunterstützung für die Gruppenarbeit, Bonn, 1995

Internet-Quellen:

www.adobe.de

www.aiim.org

www.bundesfinanzministerium.de

www.computerbase.de

www.contenmanager.de

www.digital-rights-management.de

www.ecin.de

www.interact.ch

www.ixos.com

www.project-consult.com

www.speicherguide.de

www.webwork-magazin.net

www.wikipedia.org

www.wissen.de

www.workonline.ch

Abbildungen: